TERAPIA DA PAZ

Série **TERAPIA**

1. Terapia da aceitação - Engelhardt, L.
2. Terapia da amizade - Dotterweich, K. P.; Perry, J. D.
3. Terapia da auto-estima - Katafiasz, K.
4. Terapia da coragem diária - Mundy, L.
5. Terapia do perdão - Skell, D. W.
6. Terapia do trabalho - Grippo, D.
7. Terapia da oração - McClellan, K.
8. Terapia do aniversário - Engelhardt, L.
9. Terapia do bem-estar - Hartman, C.
10. Terapia da paz - Morrow, C. A.
11. Terapia da simplicidade - Mundy, L.
12. Terapia do corpo - Lig, S.
13. Terapia do divertimento - Joseph, M.
14. Terapia do ser mulher - Katafiasz, K.
15. Terapia do Natal - Katafiasz, K.
16. Terapia do estresse - MacGrath, T.
17. Terapia do casamento - Dotterweich, K. P.; Perry, J. D.
18. Terapia da vida - Engelhardt, L.
19. Terapia do recém-nascido - Engelhardt, L.
20. Terapia do professor - Katafiasz, K.
21. Terapia da tristeza - Katafiasz, K.
22. Terapia do viver segundo o espírito - Katafiasz, K.
23. Terapia da ajuda - Kuebelbeck, J.; O'Connor, V.
24. Terapia da família - Dotterweich, K. P.; Perry, J. D.
25. Terapia do alto-astral - Allison-Lewis, L.
26. Terapia de cada dia - Adams, C. A.
27. Terapia da serenidade - Mundy, L.
28. Terapia da depressão - Mundy, L.
29. Terapia do ser mãe - Wigand, M.
30. Terapia da jardinagem - O'Neal, T.
31. Terapia da confiança em Deus - Morrow, C. A.

CAROL ANN MORROW
Ilustrações de R. W. Alley

Terapia da paz

PAULUS

Título original
Peace therapy

Tradução
Edson Gracindo de Almeida

Rua Francisco Cruz, 229
04117-091 São Paulo (Brasil)
Fax (0– –11) 570-3627
Tel. (0– –11) 5084-3066
http://www.paulus.org.br
dir.editorial@paulus.org.br

ISBN 85-349-1169-X
ISBN 0-87029-273-0 (ed. original)

Apresentação

"Senhor, fazei-me instrumento de vossa paz." Assim começa a famosa oração de são Francisco de Assis.

Por algum tempo, Francisco levou a vida de um nobre, que, junto com os ideais românticos e cavalheirescos, também incluía batalhas e encarceramentos. Foi no calabouço que Francisco abraçou uma nova missão, missão que hoje chamaríamos "terapia da paz".

Trocou uma nobreza exterior, ocupada com a garantia da paz em Assis, pelo compromisso interior de tornar-se uma pessoa de paz. Progredindo na paz, foi capaz de abrandar um lobo, enfrentar um sultão e saudar o furor da Irmã Morte com palavras de acolhida.

Pensando em nosso lugar na paz de Deus, vemos como os conflitos globais começam pelo medo, pela inveja, pelo ódio, pela desconfiança e pela trapaça.

Como podemos condenar a violência de nossas ruas e a guerra nos outros países, se o nosso coração abriga os mesmos sentimentos de agressão? Podemos esperar que o mundo exterior reflita nosso tumulto interior — com certeza.

Terapia da paz é uma declaração de paz, em palavra e imagens. Que com ela você alcance paz íntima e permaneça em paz com todo o seu ser — corpo, mente, coração, alma.

1.

Esteja em paz consigo mesmo. Ainda que Deus o chame ao crescimento e ao progresso, ele o ama assim como você é. Você tem um valor incomensurável, pois é filho de Deus.

2.

Não lute com aspectos seus que você não consegue mudar. Aceite seu lado sombrio, suas falhas e fraquezas, bem como suas forças. A paz interior une os aspectos numa totalidade.

3.

Apóie-se em valores que você escolheu com empenho e decisão. Depois, verifique em que suas próprias atitudes e ações estão em luta com tais valores. Só você pode encerrar o conflito.

Faça aos outros
o que gostaria que
fizessem a você.

4.

Admita se você elegeu
o rancor, a desconfiança
e a hostilidade como armadura
contra um mundo que no
passado feriu você. Empenhe-se
na retirada dessa armadura,
peça por peça.

A
LOJA
DAS
LOJAS
ATENDIMENTO
AO CLIENTE
AQUI.
ANTI-
MOFO

5.

Descerre os dentes e os punhos e largue suas armas. Se sua postura está tensa, acautelada e atenta, você prepara-se para a batalha, não para a paz. Deixe seu corpo ser um enviado diplomático a um mundo ávido de paz.

ATENDIMENTO
AO CLIENTE
— AQUI.
óleo
ANTI-
MOFO

6.

Manter uma lista de inimigos sobrecarrega sua energia e endurece seu coração. Procure o bem, para o qual Deus tem os olhos; ame os seus inimigos. Quando já não restarem inimigos, então haverá paz.

ATENDIMENTO AO CLIENTE
AQUI.
ANTI-MOFO
óleo

7.

Perturbar a paz é crime.
Se por causa das picuinhas da vida você esbraveja, enlouquece e se lamuria, repisando-as, contenha-se!

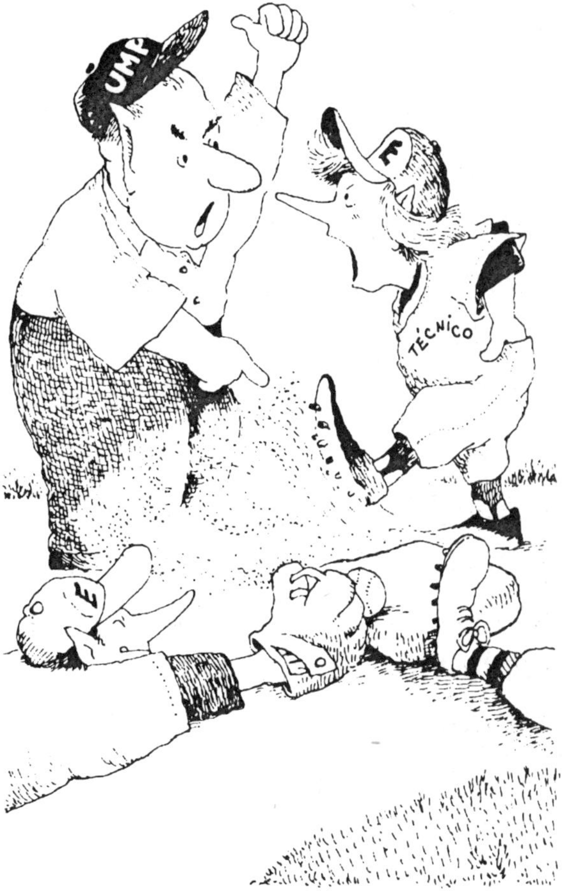
UMP
E
TÉCNICO
E

8.

Quando existir alguém com quem você tem desavenças, comece a fazer as pazes na sua imaginação. Pense estar em paz. Aos poucos, amplie a imagem, incluindo a outra pessoa. Ponha essa imagem em sua memória e olhe para ela com amor, de quando em quando.

TÉCNICO

9.

Lide com sua raiva. Os que machucam você o fazem a partir da própria insegurança, ignorância e fraqueza, não da força. Seja forte e ultrapasse a raiva, rumo ao perdão.

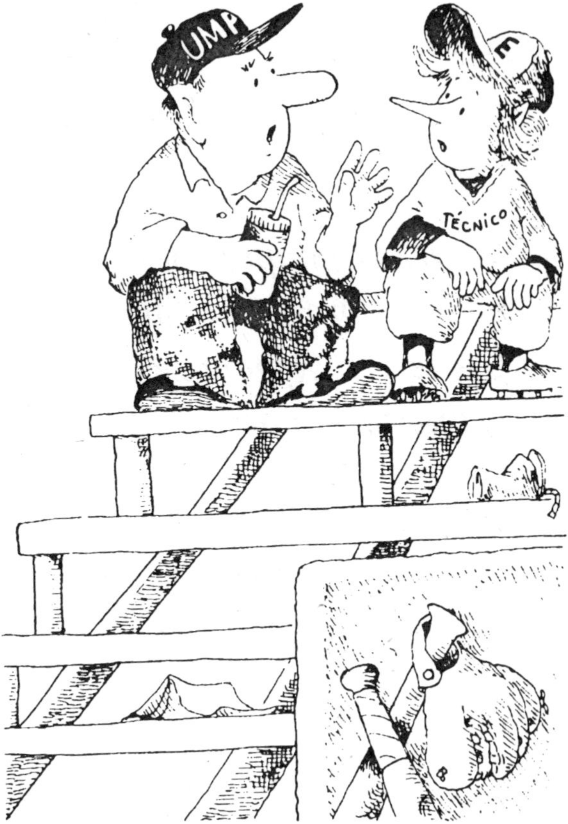
UMP
TÉCNICO

10.

Assuma a responsabilidade pelas vezes em que você feriu os outros porque lhe faltava paz interior. Repare-se com eles, quando puder.

UMP
E

11.

Chutar o gato, bater a porta, azucrinar as idéias com lengalengas não são atitudes de paz. Esteja ciente de como seus sentimentos ignorados seguem rompendo de maneira inadequada. Maneje esses sentimentos.

LAR
DOCE
LAR
MAIS TRABALHO
MUITO
FAZER
TRAB.
MAIS TRABALHO
TRAB.
TRAB
PARA CASA!
JÁ
FAZER
FAZER

12.

A paz enxerga semelhanças entre as pessoas, não diferenças ameaçadoras que criam barreiras.
Identifique uma diferença — um valor, uma atitude, uma escolha — que ameace você. Não julgue tal diferença, mas procure entendê-la.

CONVENÇÁO
MUNDO ELFO
EVENTOS
Bem-vindos
← SALAS
ALMOÇO →

13.

Guerras terríveis começaram pelo controle do território e pelo exercício do poder. Considere sua necessidade de domínio e de poder sobre os demais. Quanto mais você conseguir abandonar essa necessidade, menos razão terá para perturbar a paz com atos de violência. Você poderá tornar-se uma ponte, em vez de uma patrulha de fronteira.

14.

Fale com amabilidade. Se ouvir injúria em seu palavreado, esta vem de um lugar de dentro de seu coração. Prefira o vocabulário da paz e da serenidade às palavras de condenação, pragas, pesar e queixa.

15.

Use um tom gentil para chamar membros da família ao telefone, para o jantar, ou da brincadeira. Não ordene, antes convide; espere a cooperação, não a resistência. Seja paciente. A paz vem com asas leves, não com debandada estrondeante.

16.

Meça suas palavras de julgamento. É raro as pessoas se beneficiarem da crítica áspera a seu caráter ou às suas ações. Escolha palavras elogiosas e de aceitação, palavras que constroem a paz.

PLANTA
CHEFE

17.

Fique em paz com sua condição. Deixe para lá aquilo sobre o que você não tem poder algum. Onde você, sim, tem poder e algo deve ser mudado, faça o que puder e pronto. Não precisa determinar tudo.

HEFE
PLANTA
2
PLANTA
1
NÃO

18.

Declare uma zona de proteção pessoal. Transforme um cantinho de sua casa em refúgio, em santuário. Sentindo o humor desgastado e percebendo a voz alterada, passe um tempo aí — talvez com um livro, um cartaz ou um objeto que sussurre paz ao seu coração.

19.

Acumule a paz do seu passado. Rememore as vezes e os lugares em que você conheceu paz, volte para lá na realidade ou no seu coração. Traga para os desafios de hoje o sentimento, a beleza desses momentos.

PRAIA

20.

Deixe o coração imperturbável. Ainda que não consiga enxergar o fim de uma hora amarga, acalente o coração com a confiança em uma Força superior a você.

AREIA
AREIA
AREIA
AREIA

21.

A paz pode ser perturbada com tanto vaivém. Decida com que pessoas e projetos você quer ocupar o seu dia. Transfira os compromissos com a "visita" dos outros para amanhã, para a semana ou o ano que vem. Então aprecie aquilo para o que você decidiu voltar a atenção.

IGREJA
REUNIÕES & ATIVIDADES
HOJE
13:00
SEXTA
SALÃO
LEIA
ASSINE
QUARTA
ÀS
8:00
AGEN
DA
IR
FAZER
REUNIÃO
19:30

22.

A aceitação passiva da injustiça não é paz, é uma ameaça à paz.
Perceba a ameaça e trabalhe pela justiça. Mas procure evitar métodos que sejam contrários à pacificação e à justiça que você está tentando firmar.

23.

Ser de paz não é o mesmo que ser pacato. Você pode ser incisivo e decidido, até exaltado e enérgico, embora seja de paz. A paz é mais profunda que a quietude da inércia. A paz exige a participação.

24.

A escuta da expressão de sentimentos dos outros — incluindo a raiva — é um gesto de paz.
Não ouça apenas para saber quando intervir com suas próprias palavras.
Quando se está entregue por inteiro à escuta, a gente convida o outro a estabelecer paz interior.

25.

A paz não é simplesmente um ramalhete que você estende a uma mão amiga. Todavia você pode ser o próprio ramalhete. E a fragrância talvez estimule as pessoas a plantar mudinhas de paz em seu próprio coração.

OFERTA
DO DIA

26.

*Você mesmo não tem de "fazer"
a paz, mas tão-somente
permitir que a paz de Deus —
já presente — flua de você
para os outros.
Bloqueando sua suave corrente,
você a obriga a traçar uma
volta em torno de você. Seja
um canal de paz.*

OFERTA
DO
DIA

27.

Declare um dia de trégua, se parecer muito difícil alcançar a paz. Por 24 horas, cesse o fogo, deponha as armas, baixe a guarda e descanse. Pratique a paz um dia por vez.

28.

Sua pacificação pode até ser local, mas assume ares de missão internacional: parar com os insultos, depor as armas, falar face a face, concordar em princípios básicos, honrar o pacto. Com prática, você pode declarar sua vida uma zona desmilitarizada.

29.

Pratique atos esporádicos de bondade. Eles fortalecem os fracos de coração, confundem os duros de coração e consolam os de coração amargurado.

30.

Escolha o seu próprio tema da paz — uma canção preferida, um hino, poema ou oração. Cantarole-o, assovie, leia ou recite, quando se sentir sufocado.

31.

Assim como os índios norte-americanos partilham o cachimbo da paz, você pode criar um momento de paz partilhando algo de seu: uma flor, um docinho, uma anotação de próprio punho, um cartão de felicitações. Seu gesto constrói uma atmosfera positiva e pacífica.

32.

Procure por sinais de paz: conflitos resolvidos, famílias reunidas, gente ajudando gente, povos eliminando armas em vez de empunhá-las. Ainda ressoa o "Paz na Terra" do coro dos anjos. Permita que essa melodia sustente sua esperança.

PAZ
DECLARADA

33.

Cada novo dia, imagine
o mundo em paz. Imagine
as fronteiras abertas, um
comércio livre e limpo, armas
fundidas em arados
e enxadas. As invenções e as
ações todas, antes, foram
imaginadas. Pense em paz.

34.

A paz é tão real como as nuvens, que — embora pareçam castelos de vento e insubstanciais — asseguram força e bênçãos para a terra. Assim como elas agraciam o céu, assim também a paz agraciará a terra. Acredite na possibilidade, na realidade da paz.

35.

Para construir a paz, você precisa estar em paz. A paz começa no coração de cada um. Bem-aventurados os pacificadores.

AQUI COMEÇA A PAZ
AQUI COMEÇA A PAZ

Carol Ann Morrow tem outros livros escritos. É redatora de uma revista americana para o público jovem, *Youth Update.* Casada, ela é membro associado das Irmãs de São Francisco, em Oldenburg, Indiana (EUA). Por intermédio de seu marido pacífico e das irmãs e irmãos franciscanos, tem aprendido muito a respeito da paz.

Além de ilustrador da editora americana Abbey Press Elf-help Books, **R. W. Alley** ilustra e escreve livros infantis. Mora na costa atlântica dos EUA, na cidade de Barrington, Rhode Island, com a mulher, a filha e o filho.

PAULUS Gráfica, 2000
Rua Padre Tiago Alberione, 290 (São Ciro)
95057-530 Caxias do Sul, RS